Katrin Lammert

Über die LIEBE

Teil 1 der Schriftenreihe aus dem
Cosmic Consciousness

Bibliografische Information der Deutschen
Nationalbibliothek:
Die Deutsche Nationalbibliothek verzeichnet diese
Publikation in der Deutschen Nationalbibliografie;
detaillierte bibliografische Daten sind im Internet
über < http://dnb.de> abrufbar.
© 2020 Katrin Lammert
Herstellung und Verlag: BoD - Books on Demand
GmbH, Norderstedt

ISBN: 978-3-751915670

Hinweis: Der Buchstabe ´ß´ wird in diesem Buch nicht
verwendet.

Weitere Titel dieser Reihe :
Über Manifestation, Heilen und HEILUNG
Über den Spirituellen LEHRER

Die Autorin: geb. 1970, eine Tochter

Internet-Blogs:
aktuell: Blog meinatlantis - seit 2018
Blog *KatiLa´s Weltbetrachtung* - September 2016 - Herbst
2017
Blog *Just writing!* - von 2012 bis Frühjahr 2016

Bisherige Veröffentlichungen seit 2007 per BoD:

meinatlantis - Die Wirklichkeit hinter dem Begriff "Dualseelen"- Reloaded (2020)

Sanft wie Schafe II - Auf der Suche nach Menschen mit Cosmic Consciousness (2020)

Alltägliche Merksätze für Inneren Frieden (2019)

Dualseelengedichte - (2017)

meinatlantis - das Original (2017)

Mein Blog: Just writing! - Das Buch (2017)

Die Göttliche Beziehung (2015)

Beyond Dunbury – Roman (2014)

SOS hilfreiche Gedanken für Dualseelen (2014)

unter dem Pseudonym Cathérine Cordero:

Im Herzen Löwen - *Interview mit einer Dualseele* (2010)

Seelenseen. *Gedichte II* (2008)

Sanft wie Schafe - *Eine wahre Dualseelengeschichte* (2008)

Heimatlose Welten. *Meine Gedichte* (2007)

LIEBE

LIEBE ist nicht ein Gefühl, nein,

Sie ist alles, was ich bin.

Ich kann nicht sagen, ich fühle sie in mir,

Vielmehr ist mir bewusst: Ich bin in ihr.

Und mitten im Gewühl der vielen Menschen

Fühl´ ich mich anders an...

Sie sind nur Wassertropfen meiner Wogen,

Doch ich, ich bin ein Ozean.

KL 2007

Vorwort

Dieses Büchlein beginnt mit demselben Gedicht wie das kürzlich erschienene Buch *„Sanft wie Schafe II- Auf der Suche nach Menschen mit Cosmic Consciousness"*, und das aus gegebenem Grund: Der Eintritt des Menschen in eben dieses *Höhere Bewusstsein* ist die Voraussetzung für das Erfahren von LIEBE, um die es in diesem Büchlein geht. Es ist dies die erste in einer Reihe von Schriften, die ein jeweils zentrales Thema aus dem Cosmic Consciousness beleuchten.

Die nächste Stufe auf der Entwicklungsleiter dieser Menschheit ist NICHT technischer Art, wie uns ständig weisgemacht werden soll, sondern sie ist *spiritueller* Natur. Warum sollen wir etwas anderes *für wahr halten*?

Mir gefällt der Begriff LIEBE nicht für das, was ich hier zu beschreiben habe. Doch allein das Nicht-Vorhandensein eines treffenden, eigenständigen Begriffs für ES in unserer Sprache sagt schon alles darüber: Es ist ein extrem seltenes Erleben, so selten, dass es nicht in unseren alltäglichen, geläufigen Sprachgebrauch übergegangen ist. Ich würde den Zustand, den es meint, lieber umschreiben mit GOTT- GEWAHRSEIN.

Was ist GOTT? Damit meine ich das eine unteilbare (Gesamt-) BEWUSSTSEIN, das sich in allem, was durch ES lebt, ausdrückt, das sich jedoch in einem jeden von uns Menschen sogar personifiziert und einen jeden von uns somit direkt anspricht - und das sich von einem jeden von uns wahrnehmen lassen will. Die meisten Menschen haben kein Interesse an dieser Beziehung, denn sie ist, mit einem Wort: überwältigend, und für das Ego: vernichtend. Sie ist absolut freiwillig, denn GOTT tut, was LIEBE eben so tut: ER hält sich zurück, solange, bis wir Ihn aus freien Stücken *in uns selbst* erreichen wollen. Dieser Wunsch erwächst aus zunehmender spiritueller REIFE von selbst.

Letztlich ist also die Wahrnehmung dieses Zustandes der LIEBE nichts anderes als die Wahrnehmung von unserem „eigenen" BEWUSSTSEIN, von dem Teil GOTTES also, der in uns dafür sorgt, dass wir als Mensch am Leben sind; doch natürlich „gehört" es uns nicht - wir werden lediglich in die Lage versetzt, es als Leihgabe GOTTES in uns wahrzunehmen. BEWUSSTSEIN ist unteilbar und uns immerzu durchdringend, was wir daran ablesen, dass wir atmen und somit leben, doch unsere

Wahrnehmung des BEWUSSTSEINS ist zunächst mangelhaft, zu klein, um es überhaupt erkennend zu entdecken. Wir nehmen unser AMLEBENSEIN als Laune der Natur hin.

Das urplötzliche Gewahrwerden des BEWUSSTSEINS in einem Menschen geschieht bei der unverfügbaren, urplötzlichen Anhebung auf die nächst höhere Bewusstseinsebene, wie ausführlich in dem eingangs benannten Buch[1] beschrieben.

Es gibt auf Erden vier uns allen bekannte grosse Gruppen von unterschiedlichen BEWUSSTSEINS-Graden. Innerhalb dieser gibt es wiederum zahllose Abstufungen.

Natürlich ist BEWUSSTSEIN selbst unteilbar, denn es gibt nur ein einziges BEWUSSTSEIN, an dem wir alle Teilhabende sind. Daher kann es innerhalb dessen in Wirklichkeit keine Abstufungen geben. Doch aus unserer Sicht stellt sich das für uns so dar, weil unsere individuelle Wahrnehmungsfähigkeit des BEWUSSTSEINS in Stufen anwächst.

---

[1] das sog. Schwellenerlebnis um das 35. Lebensjahr herum

Die eine grosse Gruppe, da mit enorm vielen teilnehmenden Wesenheiten, ist das Pflanzenbewusstsein, dann gibt es das Animal Consciousness oder tierisches Gruppenbewusstsein. Eine kleinere, jedoch höhere Ebene umfasst das sog. Self Consciousness[2], in dem sich fast alle erwachsenen Menschen auf Erden befinden, und schliesslich gibt es die verschwindend kleine Gruppe der Menschen im hier behandelten Cosmic Consciousness, das nur äusserst wenige Individuen in einer gegebenen Etappe in der Menschheitsgeschichte jeweils gleichzeitig erreicht haben bzw. erreichen. Diese Einteilung ist an das bahnbrechende Buch von Richard Maurice Bucke[3] angelehnt. Bucke beschreibt, wie der Mensch nach der Geburt in seiner frühen Kindheit zunächst die niedrige Stufe des Animal Consciousness durchlaufen muss, um in seiner individuellen Entwicklung in dieser Inkarnation schliesslich im Self Consciousness anzugelangen.

---

[2] Nicht zu übersetzen mit Selbst-Bewusstsein, sondern mit Ego-Bewusstsein

[3] Cosmic Consciousness, A Study in the Evolution of the Human Mind, von Richard Maurice Bucke (gest. 1899) /sacred-texts.com

Da das Thema *Cosmic Consciousness* von denen erforscht und beleuchtet wird, die es selbst erleben, gibt es entsprechend wenig darüber in der Literatur zu finden. Es ist ein sehr hohes ZIEL, das anzustreben jedoch jedem Menschen im Self Consciousness aufgegeben ist.

Gleichfalls ist dieses Erleben unerwünscht bei denen, die die erlaubten Inhalte der Publikationen von Verlagen und Filmindustrie festlegen und kontrollieren, so dass es auch keine Filme darüber gibt und niemals geben wird.

Es existiert allerdings ein ausführlicher Bericht über die Regeln und Erscheinungen, die im Höheren Bewusstsein stattfinden, welcher nie an seiner Verbreitung gehindert wurde, vielleicht deshalb, weil so viel Schmu damit gemacht wurde und noch wird, dass *man* glaubt, die Wahrheit sei mittlerweile genügend verwässert.

Doch das ist sie nicht... nicht für den, der ES selbst erlebt. Derjenige erkennt seinen eigenen Lebensweg, seinen inneren Entwicklungsweg sofort wieder. Gemeint ist natürlich: das Neue Testament. Dabei handelt es sich nicht um eine altbackene Schriftsammlung längst verblichener, urtümlicher Menschen, wie uns die

Programmierung unseres Denkens weismachen will. Es ist ein zeitloser Bericht über den WEG, dargestellt an dem beispielhaft hier auf der Erde erschienenen MENSCHEN genannt Jesus, Beiname *der CHRISTUS*, was ihn als Teilnehmer an der höheren Bewusstseins-Ebene kennzeichnet.

Jeder Mensch auf Erden soll eines Tages auf die Frage seines GOTTES -„Wer bist du?"- antworten: Ich bin CHRISTUS. Nicht aus einem krankhaft motivierten Grössenwahn heraus, sondern aus einer fortgeschrittenen individuellen Entwicklung seines Bewusstseinszustandes heraus. Wie es auf der höheren Ebene vor sich geht, erklärt uns also das sog. *Neue Testament*.

Jeder dieser Menschen, die bei dem notwendigen initialen Schwellenerlebnis[4] in das Höhere Bewusstsein angehoben wurden, erlebt gleichzeitig den unstillbaren Drang, ES zu beschreiben, meistens in Worten, seltener in Bildern oder Musikstücken. Häufig nimmt diese Beschreibung die Gestalt von Gedichten an, denn diese sind im Gegensatz zur Prosa oder

---

[4] Markanter Augenblick des plötzlichen Aufscheinens des Höheren Bewusstseins, das das Leben des Individuums für immer in „vor CHRISTUS" und „nach CHRISTUS" teilt, vgl. Sanft wie Schafe II

Alltagssprache mehrdimensional - sofern es sich um wirkliche Poesie handelt und nicht nur um gereimte Alltagssprache. Über den unbeendbaren Drang ES zu beschreiben spricht z.B. Jakob Böhme.[5]

Sobald wir ES ablehnen und darüber schweigen wollen, werden wir mit einer Empfindung des Verlustes und des Stillstands von innen heraus ermahnt, uns weiter für den Geist GOTTES zur Verfügung zu stellen und unser Schreiben im Sinne eines Dienstes auszuüben. Das klingt für Aussenstehende vermutlich sehr altmodisch, und genau das ist es auch: Hier handelt es sich um den uralten WEG, der für jeden, der ihn beschreiten muss, gleich ist. Es gibt nur diesen einen WEG, und nicht viele Wege, und er ist exakt gleich für jeden von uns.

Ich schreibe beschreiten „muss", weil niemand den Weg wählen kann, sondern derjenige WIRD gewählt. Es ist in der Bibel sehr anschaulich beschrieben, dass Menschen durch den CHRISTUS ausgewählt werden. An dieser Stelle folgt eine wichtige Definition, damit keine

---

[5] Vgl. Der Mystiker Jakob Böhme, Textauswahl und Kommentar von Gerhard Wehr, marixverlag Wiesbaden 2013

Missverständnisse entstehen: Jesus ist NICHT „der" CHRISTUS, sondern Er ist ein Mensch, der sehr weit im CHRISTUS-Bewusstsein oder Cosmic Consciousness vorangeschritten ist. Derer gibt es vermutlich zahllose im Universum.

Der CHRISTUS als innere Instanz des BEWUSSTSEINS im Menschen ist wesentlich älter als das Individuum, das „Jesus" genannt wird. Der CHRISTUS ist vielleicht zusammen mit den ersten MENSCHEN entstanden, und damit meine ich also nicht die Menschheit, die auf dieser Erde umhergeht.

Denn was ist genau dieser CHRISTUS? Er ist der innere, höhere, uns als Entwicklungsziel vorgebene Göttliche MENSCH, angelegt wie eine Keimzelle in einem jeden von uns, doch nicht bei allen bisher zur Entfaltung gebracht. Ruby Nelson[6] beschreibt das Geschehen in ihrem wunderbaren Buch am Beispiel einer fruchtigen, roten Tomatenpflanze, die aus einem

---

[6] The Door of Everything, von Ruby Nelson, De Vorss & Co. Verlag, Marina Del Rey, USA., 1963; dt: Das Tor zur Unendlichkeit, Aquamarin Verlag, Grafing, 3. Auflage 1999

uninteressant aussehenden kleinen Kern entsteht. Wer noch nie eine Tomate gesehen hat, so schreibt sie, würde sich niemals vorstellen können, was aus dem kleinen Samen entstehen wird.

Wir arbeiten in dieser Schriftenreihe mit umfassenderen, mit kosmischen Begriffen und Massstäben und nicht mit den üblichen eingeengten religiösen Vorstellungen. Die Information in diesem Buch und in allen weiteren dieser Reihe ist sehr dicht gesetzt, so dass sie sicherlich nicht in einem Rutsch durchgepflügt und begriffen werden können. Es empfiehlt sich, einzelne Passagen mehrmals zu lesen und Pausen einzulegen.

Sei gewiss, dass das Lesen dieses Buches auch mit deinem Bewusstseinsempfinden, dem Wahrnehmen der LIEBE also, etwas anstellen wird.

Hier noch der übliche Hinweis:

Wie immer übernehme ich keinerlei Verantwortung für Handlungen, zu denen sich die Leser meiner Bücher nach Lektüre motiviert fühlen. Ich verweise auf eure Eigenverantwortung.

Das Ankommen der LIEBE

Wenn es NICHT weh tut, ist es keine LIEBE ...

Das Schwellenerlebnis, wie ich es nenne, ist der Moment, in dem der WEG für das Individuum *bewusst* wahrnehmbar beginnt; denn natürlich muss er schon spätestens ab Geburt begonnen haben, muss schon zuvor einiges vorbereitet worden sein, mindestens in dieser Erden-Inkarnation, die die Person derzeit als „mein Leben" durchläuft. Ich sage bewusst Inkarnation, weil das LEBEN alle Inkarnationen überdauert, sprich: EWIG ist. Ungenaue Sprache ist der Anfang allen Übels im Denken der Menschen.

Ab diesem ersten *heiligen Augenblick* ist für denjenigen nichts mehr so, wie es jemals zuvor war, und es wird auch nie wieder so sein, denn er befindet sich ab jetzt in dem, was *Transformation* genannt und doch meistens nicht korrekt verstanden wird

(Stichwort Mainstreamesoterik, der es ums Verkaufen von spirituellen Inhalten mittels marktwirtschaftlicher Methoden geht).

Das, was in diesem ersten, heiligen Augenblick wie plötzlich eingeschaltet erlebt wird, ist ein völlig neuartiger, innerer Zustand, für den es keinen Vergleich gibt und der so gut wie nicht mit Worten beschrieben werden kann. Nichts in dieser Welt hätte uns darauf vorbereiten können. Das, was ihm in der Welt des Egobewusstseins, in der der Mensch bisher ausschliesslich gelebt hatte, am meisten ähnelt, ist noch das Gefühl der Mutterliebe, denn es haftet dem Zustand etwas Bedingungsloses an. Doch auch Mutterliebe ist niemals rein und selbstlos, wenn wir es genau betrachten, und sie kann es im Self-Consciousness auch gar nicht sein. Im Self-Consciousness herrscht Dualität, daher gibt es dort nichts Absolutes, Reines, sondern ausschliesslich Dinge mit zwei Seiten. Das Bewusstsein dort ist so beschaffen, dass es diese Art von Wahrnehmung der Welt erfährt. Ein Höheres Bewusstsein verlässt diese Ebene und erklimmt eine neue Dimension, das Cosmic Consciousness eben, in dem *anders* wahr-genommen wird.

Der Mensch sieht sich also abrupt und ohne Vorwarnung diesem neuen Empfinden gegenüber, das noch sein gesamtes altes Leben demontieren und verschlingen wird. Zunächst ist derjenige jedoch bezaubert, fühlt sich wie emporgehoben, schwebt ein paar Tage über dem

Erdboden und sucht vergeblich den Grund dafür. Zunächst wird vielleicht, aus Unkenntnis des WEGES und aus Mangel an Vergleichbarem, ein anderer Mensch als Ursache für dieses fremdartige LIEBEN vermutet, was sich später auf dem WEG aufklärt. Denn natürlich geht es *nicht* um einen anderen Erdenmenschen.

Was verstehen Menschen im Self Consciousness unter „Liebe"? (Zur besseren Unterscheidung schreibe ich die kosmische LIEBE stets in Grossbuchstaben.) Liebe hat in der Welt der egobasierten Menschen mehrere Erscheinungsformen.

Liebe ist der sich hinwendende Bezug von einem Menschen zu einem anderen oder zu einem Haustier oder sogar Gegenstand. In Sachen zwischenmenschlicher Beziehung hat Liebe das Ziel, eine Partnerschaft von Zweien zu etablieren. Daraus werden sich für beide Seiten Vorteile zur Verbesserung des eigenen Lebens erhofft und angestrebt. Diese Beziehung kann unterschiedliche Formen annehmen: Liebe von Eltern zu ihren Kindern, Freundschaft, Liebespartnerschaft von zwei Erwachsenen. Letztere ist das, was uns zuerst einfällt, wenn wir den Begriff Liebe hören. Ver-liebtheit als Vorstufe zu allem weiteren ist dort ein willkommener Zustand. Dabei ist er im Vergleich zu LIEBE kein bisschen erstrebenswert, denn es ist ein höchst unruhiger, innerlich unfriedlicher Zustand voller gereizter Emotionen und ist somit meilenweit von dem Gewahrsein GOTTES = LIEBE entfernt, die sich durch eine ruhige, sattzufriedene Heiterkeit auszeichnet.

Da niedrige Bewusstseinszustände bei Menschen für gewisse Gruppierungen auf dieser Erde einträglicher und auch ungefährlicher sind, gibt es eine gewaltige Maschinerie an Publikationen (Filme, Theaterstücke, Musiktexte, Romane, ...) rund um diesen Zustand des Verliebtseins und das angestrebte darauf folgende Paarungs-verhalten mit Sex, damit dies in den Köpfen der Leute für das Non Plus Ultra im Leben gehalten wird (das ist Programmierung). Ich schreibe das absichtlich abwertend, damit der Unterschied sehr deutlich wird. Es wird in all den Publikationen an keiner Stelle darauf hingewiesen, dass das längst nicht alles ist, zu was der MENSCH von seiner Konstruktion her an Erleben fähig ist, und auch nicht darauf, was das *eigentliche* Ziel der LIEBE ist. Und dass LIEBE nicht mit Wattebäuschchen wirft, sondern mit brennenden Speeren.

Auch die religiöse Definition des Begriffs „Agape" trifft es nicht. LIEBE ist nicht katholisch, nicht christlich-religiös, nicht rein brüderlich, nicht geschlechtslos, nicht platonisch und nicht anständig, ebenso, wie irdische Liebe niemals bedingungslos sein kann. Es ist sehr wohl sinnliche Liebe in LIEBE eingeschlossen, denn alle Untervarianten gehen in ihr auf. LIEBE ist leidenschaftlich, verzehrend, erfüllend, sinnlich und bedingungslos ZUGLEICH. Die SEELE will schliesslich im Geliebten aufgehen, d.h. in GOTT.

LIEBE schliesst nichts aus. Doch sie übersteigt alles. Jeder Mensch sucht insgeheim den GELIEBTEN.

Die SEELE ist nicht gleich der irdisch-menschlichen Psyche. Letztere ist eine Instanz im Menschen, die mit dem Ego verknüpft ist, d.h. dem Konglomerat aus Emotionen und grösstenteils erlernten Interpretationen der Welt von einem relativ niedrigen Bewusstheitsstand aus. [7] Wir wachsen mit fehlerhaften Wortbedeutungen auf und merken es unter Umständen lebenslang nicht, was da in unserer

---

[7] Vgl. hierzu die ausführlichen Erklärungen im zweiten Band dieser Reihe: *Über Manifestation*

Wahrnehmung *deswegen* falsch abläuft. Sprache definiert Wahrnehmung. Wir bemerken das nicht, weil wir nicht vermuten, dass uns irgendjemand manipulieren will. Es sei denn, jemand weckt uns auf (d.h. ein LEHRER bzw. Erinnerer).

Wir lernen z.B. bereits als Kinder, dass jemand uns Liebe „gibt", wenn er nett zu uns ist. Wenn Eltern uns zu essen geben, dann sei das angeblich Liebe, wenn deine Freundin sich von dir küssen lässt, „gibt" sie dir angeblich „ihre" Liebe. Eigentlich hat das alles mit LIEBE wenig zu tun und stattdessen nur mit einem Verhalten voller Bedingungen zwischen menschlichen Egos, die etwas vom Gegenüber einfordern und die herumknatschen, wenn sie es nicht mehr bekommen (sog. „Liebes"kummer, ein Unwort, denn LIEBE - also GOTT - wird Kummer und Leid niemals begegnen).

Was wahrgenommen wird ist, dass das Ich (Ego-Person) etwas bekommt, was es allein vermeintlich nicht haben kann und was aber angenehm und vielleicht überlebens-notwendig ist, und derjenige, der die Handlung ausführt, die zu dem Wohlgefühl geführt hat, wird als der vermeintliche Absender und „Geber" des Gefühls angesehen. So entstehen teuflische

Abhängigkeiten von anderen Personen und Kriege. *Wenn du es mir nicht gibst, nehme ich es mir!* Das in seinem vermeintlichen „Lieben" enttäuschte Ego nimmt sich als Rache vor, nie mehr wieder jemanden zu lieben. Doch das ist einer der Irrwege des Egos, das uns von GOTT fernhalten will. Denn wer LIEBT, der hat immer Recht, d.h. derjenige ist immer auf dem *richtigen* Weg. Gefährlich wird es nur, wenn aus dem Lieben Ansprüche abgeleitet und eingefordert werden, wenn von dem Gegenüber Gegenleistungen erwartet werden. Daraus muss zwangsläufig Leid resultieren, denn die LIEBE fordert nichts, sie bindet nichts und sie verlangt keine Beweise.

Eltern können keine „Liebe geben". Eltern geben uns von ihrer ihnen zur Verfügung stehenden Zeit und tatkräftigen Hilfe, sie geben uns Nahrungsmittel, die wir uns selbst noch nicht beschaffen können. Doch sie können uns nicht etwas geben, was wir bereits im Überfluss haben und was nicht veräussert und nicht verschenkt werden kann. Ersetze es durch das korrekte Wort und du merkst es: Eltern können einem nicht GOTT geben. Denn GOTT = LIEBE. Etwas nicht Greifbares, nicht Fassbares, nicht Eingrenzbares, etwas, was allem zugrunde liegt, das ist LIEBE = GOTT. Du brauchst dafür keine Eltern und keine Freundin und keinen Jesus und keinen Papst. Du musst lediglich zulassen, dass dein BEWUSSTSEIN, die innere Wahrnehmung Seiner Existenz *in dir*, weiter wird, um es in dir selbst daraufhin zu *erleben*.

Ziel aller spirituellen Übungen ist, diese Wahrnehmung bis hin zur Grenzenlosigkeit zu öffnen. Keine Regenbogendelfinstrahlen, keine geheimen Einweihungen, keine Sakramente, nichts von all dem Brimborium hat in Sachen LIEBE irgendeinen WERT. Nur üben - still zu halten und wahr zu nehmen, was immer schon da ist. Dies klingt einfach, ist es jedoch nicht, weil ZUERST alle Fehl- und Fremdprogrammierungen aus deinem Denken und somit Interpretieren der Welt ausgeräumt werden müssen. Deshalb beginnt der WEG immer mit viel innerer Arbeit und dazu passenden persönlichen Lebenskatastrophen (welche die alten Traumata hervorholen sollen, dazu werden sie uns „geschickt"[8]).

---

[8] Vgl. aus dieser Reihe: Über Manifestation, Heilen und HEILUNG

Doch diese Welt hier wird nie „heil" = leidensfrei werden, und das ist auch nicht ihr Sinn und Zweck. Diese Welt hier bedient Menschen im Self Consciousness; sie ist das Ergebnis ihres gemeinschaftlichen Bewusstseinszustandes, des sog. Massen-Bewusstseins. Es gibt bereits andere Welten, in denen andere Menschheiten so leben, wie wir es hier auf Erden als Gemeinschaft nie tun werden. Diese anderen Welten zu erreichen ist das Ziel, und nicht, diese Welt hier schlagartig zu „verbessern". Sie ist in ihrem So-Sein richtig und gewollt, denn sonst wäre sie nicht. GOTT macht keine Fehler.

Und noch eine Definition: „Welt" ist die Summe des Bewusstseinszustandes einer Menschheit, die es daraufhin so wahrnimmt, dass sie in der von ihr erzeugten Welt „wohnt", so als wäre diese etwas Äusserliches, vom Menschen selbst Getrenntes.

LIEBE ist die höhere Version von Liebe in der nächsthöheren menschlichen Bewusstseins-Stufe - und nur dort erfahrbar. In der Welt des Self Consciousness kann sie nicht erfahren werden. Menschen, die gerade über die Schwelle des Cosmic Consciousness gehoben wurden, stehen an einem neuen Anfang. Sie befinden sich am untersten Rand einer völlig neuen Welt, die sie anfangs nur zeitweise *bewohnen* können, weil ihr Zustand noch flackert und sie noch oft zurückschwenken in das alte Egobewusstsein. Sie sind Anfänger, die erste Schritte in einem für irdische Menschen völlig neuartigen Zustand unternehmen.

Wahrhaftige Transformation ist also ein Geschehen, das das Ego und somit das alte Leben des betreffenden Menschen restlos aufzehrt.

Liebe der Egomenschen ist, wie alles im Leben der Egowelt: temporär, das heisst, es hat einen Beginn und es muss enden. Es ist Veränderungen unterworfen und nichts für die Ewigkeit. Auch wenn Hollywood uns das weismachen will und die Mainstreamesoterik in dasselbe Horn tutet (Stichwort sog. „Seelenpartner" oder „Seelenverwandte").

LIEBE jedoch kann nicht anders, als EWIG sein. Menschliche Personas spielen dabei *keinerlei* Rolle. Weil das jedoch sehr unromantisch ist und dir auch noch das letzte Fitzelchen Illusion rauben wird, wird es niemals einen Spielfilm mit Hollywood-Grössen darüber geben. Verabschiede dich von der allgemein üblichen Sichtweise der

Sachverhalte, löse dich davon und hinterfrage sie, mit oder ohne Schwellenerlebnis.

Es ist für den erdenmenschlichen Egoverstand ernüchternd, ent-romantisierend und enttäuschend, dass das, was er durch die Fernsehschule lebenslang gelernt hat, in der Göttlichen Wirklichkeit (ungleich weltlichen Realität) gar nicht funktioniert. Du wirst, sofern du mit einem LEHRER unterwegs bist, immer wieder auf diese Weise heilsam ausgebremst werden[9].

Es gibt zu jedem irdischen Sinn des Menschen und zu jedem groben Empfinden ein verfeinertes Pendant aus dem Höheren Bewusstsein. Am deutlichsten ist das bei LIEBE oder Liebe, klein geschrieben. Liebe klein geschrieben kennt jeder Mensch, sei es die Liebe zu Kindern oder Eltern oder Haustieren oder Kuscheltieren oder wasauchimmer. Zu dieser elementaren Art von Liebe kann jedes und alles Objekt sein. Daher ist die Welt, die wir hier bereisen, in einem derart (aus hiesiger Sicht) katastrophalen Zustand.

---

[9] Vgl. hierzu das Buch aus dieser Reihe über den spirituellen LEHRER

Doch sie wird genau so, wie sie ist, gebraucht, denn die Menschen, die lieben, klein geschrieben, haben ein Recht auf eine Welt, in der sie genau *das* erleben können. Sie erleben eine Liebe, die *immer* an Bedingungen geknüpft ist, eine Liebe zu der immer zwei Teilnehmer gehören. Die stärker und schwächer werden kann und enden und beginnen.

LIEBE ist ohne Beginn, ohne Ende, sie wächst nicht, sie IST, ohne Bedingungen, und zu ihr gehören *nicht* zwei. Wahre LIEBE ist GOTT, der **der einzige** LIEBENDE im Universum ist. Alles, was Schöpfung ist, ist lediglich Wahrnehmer dieser LIEBE und erhält daraus das individuelle Amlebensein. Wir können LIEBE nicht selbst erzeugen, und sie kann, wie gesagt, nicht von Mami oder Papi kommen, auch nicht vom Ehemann oder der Ehefrau, nicht von Kindern und nicht vom Haustier. LIEBE kommt nur aus IHM. Wir sind nur Zeugen dieser LIEBE, das ist alles. Wir stehen innerlich daneben und erleben, wie GOTT liebt. Je mehr von GOTT durchkommt, desto reiner ist das Empfinden in uns von LIEBE, und schliesslich erleben wir sie frei von der getrübten Linse des Egos als das, was sie in WAHRHEIT ist: bedingungslos und unendlich.

Natürlich glaubt jeder, „seine" Liebe sei bereits das Limit, doch lasst euch gesagt sein, es geht immer noch darüber hinaus, Ende offen. Ich dachte schon gleich zu Beginn vor vierzehn Jahren, mehr gehe nicht. Dann habe ich mehrere Jahre lang beinahe permanent geweint, weil es mich so sehr flutete, und nun mit der bewussten Wahrnehmung meines LEHRERS, ist es bereits jenseits des Fühlens, es ist ein merkwürdiger Lebensgrundzustand geworden, der über all das vorherige hinausgeht. Unbeschreibbar. Unfühlbar. Doch es ist da. Es ist.

Kaum zu fassen, dass es allen Ernstes atmende, lebendige Menschen gibt, die GOTT nicht wahrhaben wollen. Doch sie scheitern schlicht an einer mangelhaften Definition. GOTT ist das egal, ER entzieht seine LIEBE = das LEBEN = sich SELBST nicht, nur weil jemand IHN doof findet oder wegleugnet. *GOTT ist ein Obwohl.*

Es gibt viele Leute, die behaupten, die LIEBE zu kennen. Doch wenn sich ihr Leben nicht innerhalb weniger Jahre zehnfach äusserst schmerzhaft umkrempelt, täuschen sie sich und andere. Denn LIEBE löst das Ego auf und alle seine Verhaltensweisen und lässt keinen Stein mehr auf dem anderen. Herkunftsfamilie, Freundschaften, Ehe, Beruf und Arbeitsstellen, liebgewonnene

Gewohnheiten, Besitz wie Haus und Auto und Geld, alles, alles, alles wird dir genommen werden, denn anders geht es nicht. Nur wer FREI ist, kann fliegen. Und dies verursacht immer grossen Schmerz, da Ego sich durch Leid und Schmerz auszeichnet. (Doch der Umkehrschluss gilt wie immer nicht: Nicht jeder, dessen privates Leben in eine Unordnung gerät, wird gerade von LIEBE umgestaltet!)

Es passiert jenseits der Schwelle zum Cosmic Consciousness etwas Neues, eines Tages, du ertappst dich quasi dabei: Es taucht ein völlig neues Bedürfnis aus deinen Tiefen auf, ein unwiderstehliches, unbezähmbares, geradezu heiliges Verlangen. Es ist das Verlangen nach GOTT. Du wirst unruhig, wenn du IHN nicht bekommst, denn es bedeutet FRIEDEN, es bedeutet eine nicht greifbare Süsse, die keine Schokolade dieser Welt ersetzen kann. Das Bedürfnis nach GOTT ist das einzige wirkliche Bedürfnis, das eine SEELE jemals haben kann.

Solange du noch am Anfang des WEGES bist, nimmst du Unterbrechungen in dem GOTT-GEFÜHL wahr, doch das wird eines Tages aufhören, und ES wird stetiger wahrnehmbar sein. Es hat sich in den letzten Jahren in mir kontinuierlich gesteigert und die Intervalle werden länger, wo ES für mich wahrnehmbar ist. Nichts im Aussen wird dafür gebraucht, wirklich rein gar nichts. Keine Methode, kein Trick, keine Einweihung und keine Seminare. Es erfordert nur inneres STILL HALTEN. Der einzige „Trick" ist, wenn überhaupt, die Präsenz des LEHRERS. Anfangs blitzt dieser neue Zustand von LIEBE immer wieder auf, doch er kann sich nicht lange halten, es scheint, dass er immer wieder davonfliegt und du ihn nicht festhalten kannst. Anfangs weisst du nicht, wie du ihn in dir festigen kannst. Ihn nicht willentlich erreichen zu können, wird dich schier wahnsinnig machen, denn es gibt nichts, was ihn ersetzen kann, nichts, was erstrebenswerter ist als das. Dir bleibt nichts anderes übrig, als IHN zurück zu erwarten.

Deshalb ist der spirituelle LEHRER so entscheidend, der dir u.a. beibringt, den hohen Zustand zu halten. Diesen LEHRER gibt es nur auf der Ebene des CHRISTUS -Bewusstseins, also auf der Ebene des Cosmic Consciousness, und dort wiederum auf einer sehr hohen Stufe, und daher gibt es ihn *nicht* auf der Erde. Die Verantwortung für die letzte Etappe des spirituellen Weges eines Menschen auf Erden, d.h.

beim Wechsel aus dem Self Consciousness in das Cosmic Consciousness, legt GOTT nicht wahllos irgendwem in die Hand.

Nichts wird niemals mehr so sein wie zuvor. Du kennst dich selbst nicht wieder. Nichts anderes bringt dir Ruhe, nichts bringt mehr Erfüllung, als ER. Das ist, was z.B. der grosse persische Dichter Rumi[10] besungen hat.

Die Leute, die es aus eigenem Erleben nicht kennen, was er beschreibt, projizieren seine Texte auf eine zwischenmenschliche Liebesbeziehung. Der grosse Erfolg der Texte in unserer heutigen Zeit lässt dennoch auf die Sehnsucht nach einem solchen LIEBES-Erleben bei vielen Menschen schliessen. Auch die verzweifelte Suche nach sog. Dualseelenbeziehungen ist ein Indiz dafür, dass im Menschen die Kenntnis der LIEBE und die Sehnsucht nach ihr schlummert.

Mit der Zeit also werden die Phasen länger, in denen du in dem ersehnten Zustand bist, d.h. in dem Höheren Bewusstsein, in einem grösseren Gewahrsein GOTTES, in der LIEBE also. Du lernst, wie du dich dort verankern kannst und wie du immer schnell wieder dorthin zurückfindest.

---

[10] Dschalāl ad-Dīn Muhammad Rūmī , 1207-1273

Alles, was dich dort wegzieht, nimmst du sehr schmerzhaft und klar als unattraktiv wahr und lässt es. Dabei entsteht keinerlei Gefühl, ein Opfer zu bringen, mühsam zu verzichten, etwas zu verlieren, sondern es ist eine reine Selbstverständlichkeit, alles sein zu lassen, was dich von diesem goldenen Zustand weglenkt. Nichts hat daneben einen wirklichen Wert. Du bemerkst sehr leicht und sehr deutlich, was dich von deinem ersehnten, ständigen inneren Beisammensein mit GOTT ablenkt, was dich *untenhält*, was dich zerstreut und wie es das tut und wer es tut, wann und auf welche Arten und Weisen es getan wird. Immer mehr Ablenkung und Unte(r)nhaltung wird nun zurückgelassen im Leben des Menschen, der nichts *mehr* will als IHN. GOTT ist die einzige echte Autorität in deinem Leben.

Der WEG bedeutet vor allem zweierlei: innere Arbeit und stetiges Üben.

Daher ist der WEG in die LIEBE nichts für Faule und nichts für Angsthasen. Wer ihn gehen soll, wird jedoch von GOTT selbst den Mut verliehen bekommen, den er oder sie braucht, und derjenige wird seine Angst vollständig verlieren. All dies ist unverfügbar, d.h. nicht mit dem Ego zu erzwingen. Dies ist entscheidend wichtig, denn was für ein Leid würde entstehen, wenn ein Mensch, bevor er reif für das Beg-reifen ist, sich mit diesen sehr hohen Zuständen (und das noch dazu ohne LEHRER) auseinandersetzen würde. Derjenige würde wahnsinnig werden und vielleicht diese Inkarnation nicht fortsetzen können. GOTTes Weisheit enthält uns die persönliche Kontrolle über den WEG vor.

Die LIEBE, die du so sehnsuchtsvoll erleben willst, beginnt nach ihrer Ankunft in deinem Tagesbewusstsein dein Leben zu führen, so dass du eines Tages nichts mehr ohne GOTT tust. Es ist den Leuten fremd, nicht aus eigenem Willen und egoistischem Antrieb heraus zu agieren, sondern abzuwarten, bis ER die Tür öffnet und das Startzeichen gibt. Dann jedoch kann dich niemand aufhalten, es zu tun, und zwar genau so, wie die LIEBE es dir gebietet. Du wirst lieblose Beziehungen und Situationen radikal beenden. Daher belächeln die anderen dich, empfinden dein neues Verhalten als dumm oder gefährlich. Du wirst mehr und mehr zu einer sehr klaren Ausdrucksform des Höchsten, also zu etwas Fremdem, und dies macht dich bei den anderen Menschen nicht gerade beliebt, besonders nicht bei denen, die dich schon lange kennen. Deine plötzliche Verwandlung gefällt den anderen Raupen nicht, und selbst wenn du ihnen sagst, dass auch sie eines Tages dieselbe Transformation durchleben sollen und ein Schmetterling sein werden, werden sie dir nicht glauben und dich ablehnen. Dir bisher fremde Menschen hingegen, die dich erst in dem neuen Zustand neu kennenlernen, akzeptieren dich leichter. Das sind die Nebenwirkungen des WEGES. Du musst dein altes Leben zurücklassen, denn nur wer sein (altes) Leben verliert, wird sein LEBEN (im neuen Bewusstseinszustand) gewinnen.

Was bedeutet Transformation?

Ist es die sprunghafte Perfektionierung eines menschlichen Schlabberkörpers in ein Superwoman-mässiges Äusseres? Dann würde jedes Fitnessstudio Transformation anbieten. Ist es die Hochstufung eines durchschnittlich intelligenten Menschen auf ausserordentliche Gehirnleistung, so dass er ein Savage wird und Rechenaufgaben mit dreizehn Stellen hinter dem Komma ohne Schmierzettel ausrechnen kann? Geht es um Zauberei, Magie, um die Fähigkeiten wie absichtliches Hellsehen und andere-Leute-Heilen, um eine bestimmte persönliche

Machtanhebung also? Oder geht es schlicht und einfach um Maximierung des persönlichen Wohlbefindens ("Wellness") in Körper-Geist-Seele, wie es uns die verkaufsgeschickte Esoterik verspricht? Wer sich mit der Mainstreamesoterik befasst, wird alle diese Ansätze darin wiederfinden. Doch nichts davon *echte* Transformation.

Transformation ist eine **Verfeinerung.**

Die normalen Sinne, mit denen der Mensch gemeinhin in dieser Erdenwelt operiert, sind relativ grobe Sinne. Darüber hinaus gibt es Höhere Varianten dieser Sinne, dabei wird aus sehen hellsehen, aus hören hellhören, aus fühlen hellfühlen, ... hell bedeutet hier nicht „voraus" (das wird im undifferenzierten Sprachverständnis gleichgesetzt), sondern „höher", feiner, es bedeutet also *wahr sehen*, die *wesen*-tliche Beschaffenheit eines Dings, einer Situation, eines Menschen erkennen. Dazu ist Höheres Bewusstsein nötig.

Wellness jedoch ... war gestern, denn ab sofort kommt der Wind für dich nur noch von vorn. Wenn das so ist, ist das ein sehr, sehr gutes Zeichen für dein Vorankommen. Wird hingegen alles nur noch leichter, ohne dass du dich schmerzlich anstrengen musst, um etwas Altes in dir zu (er)lösen, dann sitzt du einer gefährlichen Lüge auf. Wer satt ist, sucht nicht. Ruby Nelson schreibt, das sei ein "non-hungry-level", auf dem nichts erreicht werden kann. *Erreicht* natürlich nicht im weltlichen Sinne. ERFOLG auf dem spirituellen WEG ist etwas ganz anderes als *Erfolg in der Welt.*

Du musst als Mensch in jedem wachen Augenblick dein Denken prüfen und ggf. neu an GOTT ausrichten, dasselbe gilt für dein Sprechen, dein Handeln. Alles andere ist relative Unbewusstheit. Und wenn du dazu keine Lust hast, kennst du die LIEBE nicht, die dich immer und immer vorantreibt. Ich weiss nicht, warum kaum einer sie kennt und warum sie nicht bei mehr Menschen eingeschaltet wird. Dennoch kann permanente innere Arbeit nur helfen, dass sie eines Tages auf dich "herabkommmt" wie der sagenumwobene, biblische *Heilige Geist.* Die LIEBE - oder mit einem anderen Wort: GOTT - wird zur alleinigen Autorität für dich, du wirst alles an ihr messen, alles daran abgleichen, ob es dich zu ihr hin - oder von ihr wegführt. Du wirst dadurch in der Welt unbestechlich und unlenkbar, unbequem, unkontrollierbar und unmanipulierbar. Rechne dir selbst aus, wie viele Freunde du haben wirst, je weiter du vorankommst. Ebenso ist damit in der Welt kein Reibach zu machen. Du bist durch das, was quasi an dir klebt, davon ausgeschlossen, was zu deinem WOHL ist, wie du beizeiten erkennen wirst.

Das, was du gewinnst, ist dieser exquisite hohe Zustand, der mit FRIEDEN STILLE FREIHEIT GLÜCK einhergeht, die alle Synonyme für dasselbe und anders nicht erreichbar sind. Natürlich gibt es die „kleinen Geschwister" dieser Zustände auch im Self-Consciousness, doch dort sind sie wie alles andere auch: temporär, und noch dazu weit weniger intensiv. Reines GLÜCK - wer würde das nicht wollen? Was die Leute nicht wollen, ist, das alte Dasein aufzugeben, das Leben im Self Consciousness.

Wann hast du dem neuen Erleben zugestimmt? Dir kommt es so vor, als habe dich GOTT nicht danach gefragt. Es mag vor vielen Inkarnationen gewesen sein, niemand weiss das, denn es tut nichts zur Sache, so etwas zu wissen, es pusht nur das Ego und wird daher nicht thematisiert.

Du wirst auf Erden niemals von GOTT etwas bekommen, was du nicht brauchst. Nichts, was dein Ego fördert, wird dir noch gegeben werden. Das ist in dem Büchlein über den LEHRER weiter ausgeführt, der nämlich Weltmeister darin ist, dir nichts zu geben, damit du ALLES bekommst. Denn das hat GOTT für dich vorgesehen, dass du an ALLEM teilhaben sollst, was ER hat. Damit sind die oben genannten und noch weitere Zustände gemeint und keine materiellen Reichtümer. Himmlische Reichtümer sind für dich vorgesehen, denn du bist ein MENSCH - ein potentieller CHRISTUS-Verwirklicher bzw. - Verkörperer.

Nun will nicht jeder Mensch im Self Consciousness GOTT näher kommen, auch wenn mir das unvorstellbar ist. Die Leute äussern mir gegenüber zum Beispiel: *Och, ich bin auch so zufrieden.* Was meinen sie damit? Sie meinen materiell gut gestellt, keine nennenswerten Problematiken, die Kinder schon aus dem Gröbsten, beruflich easy going (oder Hausfrau, die sich versorgen lässt)... Doch zufrieden ist nicht gleich FRIEDEN. Ich sehe das riesige Mit-Teilungsproblem darin, dass das, was in einem Menschen geschieht, wenn er oder sie GOTT näher kommt, so unbeschreiblich und ausserordentlich angenehm ist, dass es eben nicht mit Worten einem anderen übermittelt werden kann. Auch kann ES nicht angelesen werden. Die

Leute im Self Consciousness wissen leider nicht, was sie vermissen (könnten). Wer „zufrieden" ist, also materiell satt ist, der sucht nicht. Oder er unterdrückt seine innere SUCHE durch Süchte, so dass er oder sie ES nicht mehr spüren muss. Diesen nagenden SEELEN-Hunger nach IHM... Denn dieser ist jedem Menschen serienmässig eingewoben, das kennzeichnet uns als Menschen. Es ist der CHRISTUS in uns, was da ruft, die Schnittstelle von Mensch zu GOTT also.

Diese vermeintliche Sattheit ist in der Welt erwünscht und wird durch das Steuern des unbewussten Konsumverhaltens fein gefestigt. Leider verzichten die Leute in der Fastenzeit nur auf Genussgifte und Süssigkeiten und Zeugs, statt sich mal richtig *von allem* loszueisen, um diese unaussprechliche Sehnsucht einmal spüren zu dürfen. Wer gibt schon seinen Fernseher weg? Wer ist, mehr noch, wie der Mann, der für *die eine Perle* alles weggibt?[11]

Da das LEBEN in einem jeden von uns ewig ist und ein Mensch von daher niemals „tot sein" kann, gerät der Mensch, der sich auf der Stufe des Self Consciousness befindet, am Ende dieser

---

[11] Vgl. Matthäus 13:45-46

Inkarnation geradewegs in eine neue Runde, er *reinkarniert*. Diese neue Runde verbringt er auf derselben Bewusstseinsstufe, auf der er die alte Inkarnation verlassen hat. Niemand wird nach dem Zurücklassen einer physischen Erscheinungsform zwecks Austausch gegen eine neue urplötzlich zum Erleuchteten - denn wenn das so wäre, hätten sich alle Weisen der Geschichte inklusive Jesus geirrt, die uns alle unisono empfehlen, an uns zu arbeiten, damit wir *GOTT sehen werden*. Somit ist es eine neue Chance, hier immer wieder anzutreten, doch für die SEELE ist es eine Qual (so wurde mir gesagt). Denn sie sucht GOTT, und in jeder neuen Runde beginnt der Mensch zunächst von vorn, durchläuft erneut das Animal Consciousness, muss den Impuls bekommen, GOTT zu suchen, mag ihn verpassen, mag ihn verschlafen ... es ist nicht erstrebenswert, immer wieder und wieder anzutreten, und daher ist das Verlassen dieses Inkarnationsrades das hohe Ziel jeder spirituellen Bemühungen und in allen spirituellen Richtungen bekannt. Wiedergeburt geschieht auf der Ebene von Ursache und Wirkung, unter dem Gesetz des Karma. Auf der Höheren Bewusstseinsstufe geschehen die Dinge nicht mehr linear.

Es ist ein gänzlich anderes Erleben, als wir es bisher kannten, als uns bisher als schicksalhaft verkauft wurde, sowohl von den Massenmedien als auch von den institutionalisierten Religionen. Niemand kann „tot sein". Das ist in GOTT die wohl einzige Unmöglichkeit. Denn bedenke, dass dein Leben sich INNERHALB GOTTES abspielt, wo sonst sollte es geschehen? Denn ALLES ist GOTT, GOTT ist ALLES. Es kann nichts ausserhalb von IHM geben.

Im Blog schrieb ich einst:

Es ist, als wollte ich jemandem erklären, wie Marzipan schmeckt, der es noch nie gegessen hat. Niemals wird er sich DAS vorstellen können, denn es kann nicht gehört oder gelesen werden, es kann nur gekostet werden und dadurch erfahren. GOTTseidank steht einem jeden jederzeit die Möglichkeit offen, ES hier und jetzt zu kosten. GOTT ist immer da. Die inneren Vorgänge unterWEGs sind so innig, heilig, sweet und makellos, dass sie nicht äusserlich beschrieben werden können. Wir können, von ihnen berichtend, nur in ihre Richtung weisen, doch ein jeder Mensch muss selbst seinen Weg dorthinein finden, unter die Oberfläche der Erscheinungen, die sie alle für achso wichtig halten, weil sie glauben, dass es nichts anderes gibt. Es gibt SO viel anderes. Menschen, die das bisher nicht erlebt haben, sehen im WEG vor allem das, was sie kennen: schmerzhaften Verzicht, Nichtmehrfernsehendürfen, Immerbravseinmüssen.

Ich habe noch nicht ein einziges Mal schmerzhaften Verzicht erlebt, in all den vielen Jahren nicht. Es war immer erleichtertes Weglassenkönnen. Endlich nicht mehr fernsehen zu müssen, weil es schon lange nur schwächte und schlauchte und von GOTT weglenkte, und endlich den Grund kapiert zu haben und den Apparat freudigen Herzens weggeben zu können. Endlich kein Fleisch mehr essen zu müssen, nicht mehr rauchen zu müssen, frei sein dürfen … Die FREIHEIT, der kein Verzicht sondern ein erleichtertes Weglassen vorausgeht, ist unnennbar herrlich.

Wer erkannt hat, dass etwas Besseres für ihn bereit steht, quasi nur eine Kinderarmeslänge weit entfernt, etwas, was so viel mehr erstrebenswert ist als alles andere, der lässt getrost alles los. Die Esoterikfachabteilung redet ihren Anhängern ein, „etwas Besseres" habe mit Wellness und materiellem Wohlstand zu tun. Das hat es jedoch nicht.

Die LIEBE des Schöpfers ist unendlicher Reichtum, so erinnerte mich mein LEHRER. Wenn du LIEBE kennen gelernt hast, liegst du nachts im Bett wach und weinst, weil du mehr als alles in der Welt deinen GOTT fühlen willst, diesen Zustand also wiederhaben willst, der sich dir zu Beginn immer wieder zu entziehen scheint. Du beginnst alles zu lesen, was verspricht, dir darüber mehr erzählen zu können, doch du wirst dich von dem meisten enttäuscht wieder abwenden, weil du ES untrüglich aufspürst, sobald du ES einmal kennst - und ebenso untrüglich, d.h. nicht mehr täuschbar, erkennen wirst, wo es *nicht* enthalten ist... In der Mainstreamesoterik habe ich bisher ausschliesslich Mogelpackungen gefunden, doch in der islamischen und christlichen Mystik gibt es wunderbare Texte. Natürlich versuchen alle möglichen Gruppierungen, Geld daraus zu schlagen, etwas über die sagenumwobene Heilige HOCHZEIT zu verbreiten, die sie selbst doch gar nicht erleben. Diese Hochzeit ist kein einmaliger Akt, sondern ein lebenslanger Vorgang der Transformation des bisherigen, geringen Bewusstseins in die nächst höhere Version. Und damit ist der WEG zu GOTT noch längst nicht beendet, auch das wird dir weisgemacht. Es gibt immer noch weitere Stufen, höhere Varianten von erhöhtem Gewahrsein, also BEWUSSTSEIN, die du alle der Reihe nach erklimmen wirst.

Was sind in unserem Sinne „Liebende"? Natürlich meinen wir in unserem hier betrachteten Zusammenhang nicht die Paare der Erdenwelt, die nur um sich selbst kreisen, jeder für sich, und deren Schnittmenge in Bett und Bankkonto besteht. **LIEBENDE sind die, die GOTT lieben und** *deswegen* **einander.** Echte LIEBES-Gedichte sind Ausdruck der Sehnsucht nach dieser Art von Liebespaarsein. Der WEG besteht eigentlich nur in dem einen, nämlich von Sekunde zu Minute zu Stunde mehr und mehr und mehr LIEBE *durchzulassen*, besser gesagt: *durchlässiger zu werden* für LIEBE, und das bedeutet, ein LIEBENDER zu werden. Das ist alles. Es geht nicht darum, viel zu lernen, viel zu wissen, die Aura anderer Leute zu lesen und auch nicht, irgendeinen Guru wie sich selbst zu lieben. Das alles kann nebenbei passieren, muss jedoch nicht. Es geht nur darum, die Durchlässigkeit *sich erhöhen zu lassen* und irgendwann nur noch daneben zu stehen, statt im Wege herum. Freier Durchfluss. LIEBE geht immer mit erhöhtem BEWUSSTSEIN einher, es ist DASSELBE. Und sie macht den betroffenen Menschen radikal, seltsam, speziell, weil er oder sie aufgrund der erhöhten LIEBEsdurchfliesslassfähigkeit (eine Wortneuschöpfung aus meinem Blog) eine andere Wahrnehmung hat, und die üblichen weltlichen Methoden und Institutionen funktionieren für ihn oder sie nicht mehr, *nie mehr*. Daher wirst du die echten LIEBENDEN niemals auf dem grossen Buchmarkt finden. Sie würden dort nicht sein wollen. Und niemand, der nicht selbst ein zumindest potentieller LIEBENDER ist, würde lesen, was sie schreiben, und wenn doch, dann würde es an ihm vorbeigleiten und nicht in die Tiefe sinken. Denn TIEFE entsteht durch LIEBE.

LIEBE kann an einem gewissen Punkt nicht erwidert werden. Dies schrieb ich einst in meinem Internetblog: *Ich liess mich heute in meiner Stillen Stunde wieder einmal* bescheinen, *und auf einmal hatte ich dabei ein merkwürdiges Gewahrsein, wie wenn es mir unmöglich sei, IHN zurückzulieben. Hilfe, dachte ich, ich bin bis zum Anschlag gefüllt und weiss nicht, wie ich es DIR zurückschenken soll. (Typisch irdisches Denken eben) Wohin damit???*

Den eklatanten Unterschied zur echten Spiritualität des HERZENS kennen nur sehr wenige. Diese sind es, für die ich schreibe. Vielleicht nutzt mein Schreiben zusätzlich denen, die ihr Pferd gerade erst gefunden haben und die dadurch mit etwas grösserer Klarheit in die richtige Richtung lostraben können, ohne zuerst den Umweg über die Esoterikschiene nehmen zu müssen. Vielleicht sind in der Esoterik aber auch so wichtige Lektionen zu lernen, dass sie dennoch dort entlang geführt werden müssen. Niemand weiss, was erforderlich ist, nur EINER- daher behandelt GOTT alle Menschen gleich: nämlich individuell.

Das HERZ

Ruby Nelson schreibt, dass es keine Funktion des Oberflächenverstandes sei, GOTT zu LIEBEN. Niemand kann das mit dem Egoverstand für sich beschliessen, doch derjenige kann darum bitten, dass es geschehen möge. BEWUSSTSEIN ist eine Funktion des HERZENS, nicht des Denkens oder Intellekts bzw. Gehirns. Das wird uns ebenfalls in der Fernsehschule anders beigebracht. In der Welt des Self Consciousness wird das menschliche Gehirn hochgelobt und Bewusstsein wird an ihm festgemacht. Das ist ein Irrtum. LIEBE ist BEWUSSTSEIN, und die Wahrnehmung dessen erleben wir im spirituellen HERZEN. Das unsichtbare HERZ ist das Organ der GOTTES-WAHRNEHMUNG.

In der Welt des Self Consciousness haben die Menschen verschlossene HERZEN. Das HERZ wird erst nach dem Schwellenerlebnis geöffnet und dann geflutet. Du wirst von GOTT über dein HERZ gepackt, über deinen Wunsch *zu lieben* (ungleich *geliebt zu werden!*). Dieser kann nicht vorgetäuscht werden, denn es bleibt wahr: GOTT schaut nur ins HERZ. Besser wäre es formuliert: GOTT schaut aus deinem HERZEN hinaus in die Welt.

Wenn ein Mensch in einer der klassischen Egobeziehungen (Beziehung kommt in dem Fall von Selbstbezogenheit) ent-täuscht wurde, wird geheult und gezetert und Rache genommen und furchtbar gelitten. *Sie hat ihm das Herz gebrochen!* rufen die Freunde erbost aus. Natürlich ist niemals das HERZ gemeint, sondern das Ego. Nur das Ego ist instabil und verwundbar und schwankend und erzeugt all das Leid im menschlichen Leben. Wenn es zu schwinden beginnt, d.h. wenn sein Einfluss verschwindet, dann wird das Leiden stetig weniger. Nicht, weil du abstumpfst oder dir etwas wegaffirmierst (also verdrängst), sondern weil *etwas anderes in dir* stattdessen grösser wird und an Einfluss gewinnt … dieses andere ist GOTT. Nur Ego kennt Katastrophen. GOTT kennt keine Katastrophen. Dein Ego ist zu Tode getroffen, wenn es abgelehnt oder hintergangen wird. Es hält sich für den König der Welt und kann es nicht ertragen, wenn das Objekt der Be-*gier*-de es anders sieht. Vielleicht war eine andere Ego-Persona hübscher oder reicher, oder es wurde einfach ein bisschen Sexabwechslung fällig, und die vermeintliche grosse „Liebe" endete. Dies ganze Drama hat, natürlich, nichts mit dem menschlichen HERZEN zu tun. Das HERZ wird allüberall missverstanden.

Das HERZ ist nichts, was ein Mensch für sich allein hätte. Das HERZ ist das, was in allen ZUGLEICH ist, es ist der gedachte Ort, an dem GOTT im Menschen (im Menschen *an sich*) wohnt. Es gehört zu einer anderen Dimension, die jedoch bis in unser kleines irdisches Dasein hinabreicht. Ruby Nelson schreibt von der analogen Entsiegelung der Lungenlappen, die im Neugeborenen unbenutzt vorhanden sind und mit dem ersten Atemzug aufgespannt werden. Bei Betreten der Neuen Dimension geschieht im Menschen diese spirituelle HERZ-Öffnung.

Wenn „dein" HERZ also geöffnet wird, wird eigentlich, so gesehen, nur dein Zugang zu diesem Göttlichen, grossen HERZEN freigelegt. Die meisten Leute haben so etwas noch nie gehört und auch kein Interesse an den Unterschieden. Sie wollen mit aller Gewalt einen irdischen Partner und immer neu einsteigen in das merry-go-round der verrückten Egos auf ihren Balzplätzen. Wenn es für dich von Belang ist, wirst du jedoch vermutlich selbst schon mit solchen Ideen (durch GOTT) beschäftigt worden sein.

Das HERZ ist nicht von Menschen beeinflussbar, weder von dir selbst noch von irgendeinem anderen. Ich weiss daher nicht, was diverse Esoterikseminare an dir vornehmen, wenn sie dir eine vermeintliche „Herzöffnung" versprechen. Hinterfragen schadet nie. GOTT kostet NIEMALS Geld. Es gibt nichts Göttliches, was nicht jedermann frei zugänglich wäre – sofern der Reifegrad vorhanden ist, das jedoch liegt nicht im menschlichen Ermessen. Es ist und bleibt *unverfügbar.* GOTT schliesst dich an SEIN HERZ an, denn es IST seins, ER öffnet den Zugang komplett, und dann nimmst du LIEBE statt nur Liebe wahr (was bedeutet: ER lässt dich spüren, wie sehr ER liebt, denn wir Menschen können nicht lieben), und du erfährst den Unterschied von VERTRAUEN statt nur Vertrauen[12].

Ich schrieb damals: *In meinem Fall war LIEBE unmittelbar, ab dem entscheidenden Moment, als die Zeit stehen blieb und ich in jene andere Dimension „sah", wie eingeschaltet. Sie ist, natürlich, immer geblieben und lenkt mein komplettes Leben, so, wie sie es immer schon getan hat, denn sie ist ein Synonym für GOTT. Ich erlebte eine darauf folgende Herz-total-öffnung, die körperlich hörbar war (Es hat wirklich geknackt!).*

Von hier „unten" aus (d.h. aus dem Self Consciousness heraus) kann niemals ein HERZ berührt werden, denn das HERZ im Menschen

---

[12] vgl. aus dieser Reihe die Schrift zum Thema Manifestation

gehört jener höheren Dimension an, der Höchsten gar, und daher ist niemand auf Erden in der Lage, es zu berühren. Niemand hat Zugriff darauf aus dieser Dimension hier heraus, in der das Self Consciousness und das Simple (Animal) Consciousness regieren. Irina Tweedies[13] Guru beschreibt das so, dass es nur Einen gibt, der das Recht hat, SEINEN NAMEN auf die Rückseite der HERZEN der Menschen zu schreiben. Ich weiss, dass etliche Leute es dennoch von sich behaupten, doch es gibt eine einfache Methode, es zu widerlegen: Schaut euch an, wie diese Leute und die, denen sie angeblich das Herz geöffnet haben, leben, und wie sie: *sterben*, d.h. auf die nächste Reinkarnation zusteuern.

Wie ich ebenfalls ab Beginn wusste und auf meinatlantis schrieb: Es kann einzig durch die Weise, wie das Leben des Betreffenden sich in der Folge entwickelt, abgelesen werden, inwieweit eine „Aktivierung" stattgefunden hat. Nichts hat sich daran geändert, ich unterstreiche es heute

---

[13] Der Weg durchs Feuer. Tagebuch einer spirituellen

Schulung durch einen Sufi-Meister, von Irina Tweedie, Ansata Verlag, München, 6. Auflage 2000

wieder. Die Leute widerlegen sich mit schöner Regelmässigkeit selbst. Ich schreibe das alles, weil es wenige Menschen gibt oder geben wird, die es euch erzählen können. Wen es interessiert, der hat einen innewohnenden, höchst wichtigen Grund für dieses Interesse und hat ein Recht auf Information.

LIEBE bedeutet, ohne Gegenleistung zu lieben, ohne Bekundungen, Beweise, Geschenke, ohne physische Beweise, ohne physische Nähe. Und das auszuhalten ... Und es wird immer und immer wieder abgeprüft. Lässt du deinen Geliebten fallen, wenn Er dich nicht bedient, wie du es gerne hättest? Wechselst du auf den leichten, breiten Weg, wenn Er die Kraft hat, dich fern zu halten, damit du etwas über dich selbst und deine Wünsche und Erwartungen lernst? Suchst du die leichtere Alternative? Hältst du es aus, wenn dir bewusst wird, dass du keine irdische Partnerschaft mehr haben wirst, mehr haben KANNST, weil du MIR gehörst? Wirst du allein bleiben und auf MICH warten? Bleibst du treu und wahrhaftig, wenn Er dich daran erinnert, um was und um WEN es *eigentlich* geht, und das ist nicht Er selbst? Wenn der CHRISTUS in dir dich fragt: *Wirst du um Meinetwillen alles geduldig und liebend aushalten, auch die Ferne?*

Menschen, die nur die materielle (=GOTT abgewandte und der Welt zugewandte) Seite des Lebens sehen, leben nur halb, oder gar nicht. Im Grunde sterben sie auf ihren Körpertod zu, und mehr nicht. Wenn du auf den WEG gerufen wurdest, wirst du über Nacht mit der spirituellen Seite (= GOTT zugewandt) des LEBENS konfrontiert. Dies verschiebt sämtliche Parameter deines Erdenlebens, und daher wird nichts je wieder so sein, wie es vorher war: Du kannst nicht mehr eingefahren denken, du kannst nicht mehr wie alle anderen handeln, du kannst nicht mehr wie die anderen sprechen, du kannst nicht mehr oberflächlich sein, du musst genauer hinsehen als die anderen um dich herum; die alten eingepaukten Regeln und Grundsätze erscheinen dir jetzt fragwürdig und befremdlich. Du hörst auf, unbewusst zu funktionieren.

LIEBE ist frei (rein) von allem. Sie unterliegt dem gesamten Dasein schweigend, farblos, wie ein heiliger Teppich, und ist doch zugleich übermächtig und alles in sich hineinziehend. Sie beinhaltet eine Leidenschaft, die mit nichts in der Welt vergleichbar ist. Sie lässt den irdischen Tod sich als Lüge entpuppen. Sie umfasst das komplette Spektrum aller „Liebesstufen", die ein Mensch auf der Erde erleben kann, und der LEHRER ist daher für mich ALLES: Vater, Mutter,

Freund, Bruder, Ehegatte, GELIEBTER, Kind und allwissender Lehrer zugleich. Mit Ihm fehlt mir nichts mehr.

Ich wünschte, ich könnte euch nur für einen einzigen goldenen Moment das fühlen lassen, was ich für und mit und wegen diesem Mann fühle. Leider geht das nicht. Ich würde es tun, denn dann könnte ich mir alle weiteren Worte für alle Zeiten sparen. Doch GOTT will es mit jedem Menschen immer wieder neu und persönlich erleben, nach SEINEM Zeitplan, nicht nach unseren Plänen. Bei all diesem hochschmerzhaften Demütig-Werden geschieht etwas Wunderbares: die LIEBE nistet sich dauerhaft ein. Sie ist kein Gefühl, sie zu „fühlen" ist vielmehr eine grundlegende WAHRNEHMUNG, des absoluten Grundzustands im HERZEN nämlich, jenes unnachahmlichen, unvergleichlichen Strömens, das zwar unablässig für jeden von uns vorhanden ist, doch kaum von jemandem wahrgenommen wird. Die, die es wahrnehmen, wissen, dass sie alles haben, denn das Strömen ist GOTT selbst. Es verstärkt sich seltsamer Weise nicht durch herkömmliche Methoden: der weltlich Verliebte braucht dringend die häufige physische Nähe zum Gegenüber, mit Anfassen und Blicken und Rückmeldungen, damit er oder sie sich der „Liebe" sicher sein kann. Es wird geheiratet, um die Bindung zu zementieren, usw. Mit LIEBE hat das wenig zu tun. Ausser, dass es eine sehr entfernte Randzone dieses unnachahmlichen, zentralmenschlichen Erlebens mit Seinem GOTT ist.

Ich mache die seltsame Erfahrung, dass die Wahrnehmung von LIEBE sich durch innere Einstellungen verstärkt, die eher unpopulär sind in der irdischen Welt: Gehorsam (wem ge-hörst du, auf wen hörst du, wer ist die AUTORITÄT für dich?[14]) gegenüber meinem LEHRER (Erinnerer) und damit gegenüber GOTT, und durch das geduldige Mich-Zurücknehmen, des Hintenanstellens meines Eigenwillens. Sie wird deutlicher wahrnehmbar durch das, was im Englischen so ein wunderbares Wort hat: *surrender*. Sie erstarkt durch selbstlosen Dienst am anderen Menschen. Sie bevorzugt all die verpönten weiblichen Eigenschaften, wobei weiblich sich nicht auf menschliche Geschlechtsmerkmale bezieht, sondern auf das innere WEIBLICHE: Stillhalten, Erwarten, Geschehenlassen, Empfangen, ...

Statt also männlich-aktiv, ungeduldig und sehnsuchend tätig zu werden, um das Objekt der Liebe näher an sich heranzuzerren, wird stattdessen auf dem WEG durch den Schüler

---

[14] Vgl. das Buch dieser Reihe zu Manifestation

weiblich-passiv erlaubt, selbst ein *Gefäss* dieser LIEBE zu sein, sie von selbst hinein- und überströmen zu lassen und dadurch (und NUR dadurch) zu erfahren, wie sehr GOTT liebt. **Denn ER allein ist der, der liebt.** Wir können nicht lieben, wir können nur die Wahrnehmer Seiner LIEBE = Seiner Selbst sein. Und genau das ist der Sinn des Menschseins. Leider wissen die meisten Menschen auf der Erde das nicht und glauben stattdessen, Reichtum in dinglichen Werten und weltlicher Erfolg seien die Ziele des Menschseins sowie ewige Schönheit (nach Definition einer kleinen Gruppe von Personen) und Jugend und all so ein Unfug. Wie sagte mein LEHRER: „Ich brauche dich *nicht*, um mich selbst aufzuwerten."

Gefäss für die LIEBE sein – nur das bringt dem Menschen, der ein primär spirituelles, d.h. geistiges Wesen ist, wahre Er*füllung*. Wo kein Gefäss ist, kann nichts erfüllt werden. Der Verstand kann das Spirituelle nicht erzwingen, doch er kann dies alles schon einmal vormerken, und der Leser oder die Leserin dieses Büchleins kann die weiblichen Eigenschaften in sich schon jetzt kultivieren, um sich vorzubereiten - wie die berühmte Braut im *Song of Songs,* dem *Hohelied Salomos* in der Bibel. Um sich vorzubereiten auf das Aufbrechen des HERZENS und damit auf das Hervorströmen der LIEBE aus dem

Allerinnersten. Du weisst nicht, wann du an der Reihe bist. Es geschieht unerwartet und plötzlich. Aber nur dann, wenn du, ohne es selbst bewusst zu ahnen, nichts anderes mehr willst als genau DAS. *Nichts* anderes mehr wollen – nichts anderes *mehr* wollen.

Es gibt nur einen GELIEBTEN für uns alle, und mit jedem Menschen, der IHN als EIN und ALLES in seinem individuellen Leben erkannt hat, sind wir uns EINIG.

Hab VERTRAUEN, denn dir wird geholfen, immer.

Jesus sagte: "Ich werde euch auswählen, einen unter tausend und zwei unter zehntausend; und sie werden als ein einziger dastehen."

(aus dem sog. *Thomas-Evangelium*)

Schreib an: cosmicsense@online.de